PÉTITION

PRONONCÉE A LA BARRE

DE LA

CONVENTION NATIONALE,

SUR LA PRISE DE VERDUN.

PÉTITION

PRONONCÉE A LA BARRE

DE LA CONVENTION NATIONALE,

SUR LA PRISE DE VERDUN.

LÉGISLATEURS,

Jeté, par les prêtres fanatiques et les lâches émigrés, sous le nom des Prussiens, dans les prisons de la citadelle de Verdun, proscrit après 22 jours de captivité et d'incertitude sur mon sort, et bientôt victime d'un nouvel attentat à ma liberté jusqu'au sein de ma famille, je crois avoir quelques droits à votre attention.

Je vous l'avoue, législateurs, j'ai moins souffert de mes malheurs personnels, que de la calomnie qui s'est acharnée contre mes compatriotes dont un grand nombre a partagé avec moi les honneurs de la captivité, ou de la proscription.

Il y a quinze jours que la calomnie a osé se produire à votre barre ; c'est à votre barre que je viens la repousser.

Et moi aussi, législateurs, j'ai des dénonciations à vous faire ; mais je ne les multiplierai point pour les affoiblir, ou pour vous donner le change comme le député du bataillon de Mayenne et Loire : pour atténuer le crime, je ne le ferai point partager à ceux qui ne l'ont pas commis.

Déja Bousmard, ingénieur en chef, et Pichon son commissaire des guerres, se sont jugés eux-mêmes par leur émigration. Déja Desnos et ses complices vous sont bien connus. Une foule de pièces déposées à votre comité de sûreté générale, vous indiquent les lâches qui, se livrant à une joie insolente, ou se portant sans contrainte à des démarches criminelles, ont insulté aux malheurs publics, les ont causés ou aggravés ; voilà les vrais, les seuls coupables.

Que le député du bataillon de Mayenne et Loire ne se soit pas arrêté là, qu'il ait osé accuser la majorité des habitans de lâcheté et de trahison, qu'il leur ait fait le reproche de n'avoir pas bravé la mort, tandis que lui-même et ses commettans vivent encore, qu'il ait transformé en crime une foiblesse, ou plutôt un manque d'héroïsme que le bataillon a tout au moins partagé, c'est là ce qui doit sans doute vous surprendre.

Le député de Mayenne et Loire vous a parlé d'une proposition accueillie, dit-il, par ses camarades avec enthousiasme, celle de sortir de la ville, de passer à travers l'armée ennemie, ou de trouver une mort glorieuse ; et cependant cet enthousiasme s'est borné à suivre la loi de la capitulation.

Pourquoi ne vous a-t-il pas parlé d'une sortie de 500 hommes, commandée le 30 août, par le conseil défensif pour protéger l'entrée du général Galbaud, qui, la veille, avoit annoncé son arrivée ; de cette sortie qui s'est effectuée, mais sans succès, et à laquelle ont concouru 400 habitans de bonne volonté, ayant à leur tête trois compagnies de leurs grenadiers.

Vouloient-ils se rendre lâchement, ceux qui avoient demandé au conseil défensif, sans l'obtenir, la permission de faire sortir de la ville, leurs femmes et leurs enfans effrayés du bombardement ?

Vouloient-ils se rendre lâchement, ceux qui proposèrent à ce même conseil défensif, pour dernière mesure, de faire faire une nouvelle sortie par la totalité de la garnison et des citoyens, la municipalité à leur tête, à l'effet d'enlever ou d'enclouer les batteries ennemies, ou du moins de mourir au champ d'honneur, plutôt que de voir les propriétés incendiées, et les défenseurs de la patrie attendre froidement la mort sans combattre au milieu d'un monceau de ruines.

Vouloient-ils se rendre lâchement, ceux qui, dès 1791, avoient envoyé à l'assemblée constituante une députation, dont le maire actuel étoit membre, pour solliciter les secours les plus prompts en hommes et en artillerie ? Est-ce leur faute sils ont sollicité en vain ?

Vouloient-il se rendre lâchement, ceux qui demandèrent, par l'organe de leur maire, l'éloignement du commandant Gallois, dont le patriotisme leur étoit suspect ? Le général Lignéville a attesté ce fait à vos commissaires, lors de leur passage à Verdun.

Vouloient-ils se rendre lâchement, vouloient - ils imiter leurs voisins, ceux qui vous instruisirent de la prise de Longwy avec une telle célérité que vous refusâtes de croire au courrier ? Quel pouvoit être l'objet de cette démarche, si non d'obtenir le plus promptement possible les moyens de défense dont ils manquoient ?

Est-ce par leur faute que les 4000 hommes de renfort qui leur étoient promis par le maréchal Luckner, et les 1500 hommes conduits par le général Galbaud ne purent point pénétrer jusqu'à eux ?

Avoient-ils envie de se rendre lâchement, ceux qui, à la première nouvelle de la possibilité de l'attaque de leur ville par les armées combinées, travaillèrent avec telle activité, ayant à leur tête les corps administratifs, que la réparation des remparts de la corne Saint-Victor leur est presque due en entier, et qui furent secondés, dans leurs travaux, par leurs femmes et leurs enfans ?

Vouloient-ils se rendre lâchement, ceux qui se trouvèrent exactement à leur poste dans les fréquentes allertes qui leur furent données de nuit comme de jour, par les commandans Galbaud et Beaurepaire ?

Vouloient-ils se rendre lâchement, ceux qui, après avoir dépavé les rues et essuyé un bombardement de 12 heures, qui avoit réduit en cendres quelques maisons et endommagé un très-grand nombre d'autres, demandèrent une suspension de 24 heures, dans l'espérance de voir arriver les renforts qui leur étoient promis, et sans lesquels il leur étoit impossible de se défendre utilement ?

Est-ce par leur trahison qu'au lieu de 115 pièces de canon, et 55 tant mortiers qu'obusiers et pierriers, strictement nécessaires pour la défense de la place, d'après les règles de l'art, il ne s'y trouvoit, au moment du siége, que 32 pièces de canon, 10 mortiers et 6 pierriers, dont plusieurs n'étoient point montés, faute d'affûts ?

Est-ce par leur trahison qu'il n'y avoit, pour le service de chaque pièce, qu'un seul canonnier, que mille fusils promis au commandant Galbaud, ne lui ont jamais été délivrés, et que faute d'armes on fut obligé de renvoyer une partie des habitans de la campagne, dont le zèle devenoit impuissant ?

Est-ce par leur trahison, qu'au moment du siége il se trouvoit des brèches en plusieurs endroits ? qu'il existoit un approvisionnement de 99 mille boulets de 24 pour 4 pièces seulement de ce calibre, tandis que toutes les autres pièces étoient presqu'entièrement dégarnies de leurs munitions ?

Etoit-ce par leur trahison que la place manquoit de parapets dans plusieurs endroits, n'avoit de chemins couverts palissadés nulle part, et qu'il n'existoit, dans beaucoup de lieux, ni traverses, ni contre-escarpes ?

Etoit-ce leur faute, s'il leur étoit impossible de parer, ni même de combattre en aucune manière le terrible effet des bombes et des pots à feu ; attendu que l'extrême supériorité du terrein d'où partoient ces mobiles sur celui de la place, ne permettoit pas à l'artillerie de celle-ci d'y atteindre ?

Ne croyez pas, législateurs, que ces faits soient controuvés ; ils sont consignés mot à mot dans l'arrêté du conseil défensif faisant partie des pièces, produit par l'accusateur des habitans de Verdun lui-même, et dans ce mémoire du général Galbaud que je vais remettre sur le bureau. C'est l'intérêt seul de la vérité et de la justice qui a fait entreprendre à ce zélé patriote la défense de ces habitans infortunés, sans qu'il en ait été sollicité par personne.

Si tant de motifs réunis ont décidé le conseil défensif à se rendre, si cette reddition forcée pouvoit être considérée comme une lâcheté, l'imputerez-vous aux habitans qui n'étoient point à ce conseil, aux municipaux dont deux seulement y assistoient avec voix consultative, et qui s'en absentèrent tout-à-fait, quand il fut question de délibérer sur la capitulation ?

Le bataillon de Mayenne et Loire vous a dit qu'on avoit enchaîné son courage, que 600 habitans ayant à leur tête le procureur de la commune, menacèrent de faire égorger la garnison (ce sont les propres termes de la dénonciation) si elle tiroit un coup de fusil. Réduisez ces 600 hommes à 40 personnes non armées, qui se dispersèrent à la voix du maire, et vous aurez une juste idée de cette résistance terrible, de ce rassemblement imposant, qui glaça d'effroi le bataillon de Mayenne et Loire.

Mais pourquoi, ce bataillon si brave, si courageux, qui étoit caserné à la citadelle, où il avoit fait transporter des munitions de bouche de toute espèce, dans le desein, comme il s'en ventoit, de s'ensevelir sous ses ruines, pourquoi, au lieu de souscrire à une capitulation qu'il veut faire regarder comme honteuse et criminelle, pourquoi, dis-je, ne s'est-il pas renfermé avec le reste de la garnison dans cette forteresse? C'étoit le seul poste où il étoit possible de rendre service à la patrie, en tenant quelques jours de plus l'ennemi en échec. Le mémoire du général Galbaud répond on ne peut mieux à cette demande, je prie la convention de vouloir bien le consulter.

Ce seroit ici le lieu de dire un mot de la mort de Beaurepaire, à l'occasion de laquelle on s'est plu à répandre *des contes* absurdes, faits pour amuser l'aveugle crédulité, et qui ne méritent nullement d'être réfutés. Je respecte infiniment la mémoire d'un homme que la république et l'assemblée nationale ont honoré de leurs regrets, mais je n'hésite point d'affirmer que l'exacte vérité relativement à cette mort déplorable, ne peut nuire à la cause des habitans de Verdun. (*)

(*) La voici cette exacte vérité. Le samedi, premier septembre, à trois heures après midi, le parlementaire

Maintenant, législateurs, daignez jetter les yeux sur ces rôles affichés autour de vous,

du roi de Prusse arrive à la maison commune où je me trouvois, il somme de nouveau la ville de se rendre, il offre à la garnison tous les honneurs de la guerre, il demande un oui ou un non, car, dit-il, *le roi de Prusse est pressé*, ce sont ses termes. Le conseil défensif se tient pendant plus de trois heures, et j'atteste sur ma tête qu'il s'est tenu avec la plus grande tranquillité, que le peuple ne s'est porté ni aux m naces, ni aux excès. Au bout de ce terme, Beaurepaire vient trouver, avec quelques membres du conseil, le parlementaire; il demande une suspension d'armes de 24 heures, qui lui fut accordée avec assez de peine. Cette suspension commençoit le samedi à 3 heures après-midi, et devoit finir le lendemain à même heure. J'ignore ce que fit Beaurepaire après le départ du parlementaire; mais je suis certain qu'il est rentré à deux heures du matin, le lendemain à la maison commune où il avoit un appartement; qu'à 3 heures on entendit un coup de pistolet qui partoit de cet appartement; on court au bruit, on ouvre la porte, et on trouve Beaurepaire sans vie et baigné dans son sang.

Après la mort de Beaurepaire, le conseil défensif se rassemble, règle les conditions de la capitulation, et envoie, à midi, un parlementaire au roi de Prusse.

Voilà, Parisiens, l'exacte vérité, et ne croyez plus, d'après la sotte pièce des variétés, que le bombardement vous y verrez les impôts du département de la Meuse, en recouvrement pour plus des trois quarts, et j'ose attester que ceux de Verdun n'y ont pas été les derniers, par l'effet du travail infatigable des corps administratifs et principalement du maire, qui depuis le commencement de la révolution jusqu'aujourd'hui, n'a cessé de faire le sacrifice de son temps et de sa fortune à la chose publique. Or, vous sentez mieux que moi,

n'a été que de 3 heures, que les habitans de Verdun ont livré leur ville *à l'insu* de Beaurepaire (c'est sans doute une plaisante manière d'honorer sa mémoire, que de le faire passer pour ignorant ou négligeant), que Beaurepaire apprenant cette nouvelle pendant la tenue d'un conseil de guerre, se brûla à l'instant la cervelle en présence de ce même conseil. Tout cela est faux et très-faux, Parisiens, j'y étois et je défie qu'on me démente. Maintenant, Parisiens, permettez-moi une courte réflexion. S'il s'agissoit de faits anciens ou éloignés qui ne compromissent l'honneur de personne, je pourrois m'amuser de cette pièce ainsi que vous. Mais je trouve que c'est une atrocité punissable que de mettre sur la scène des faits arrivés d'hier et de les dénaturer de manière à faire passer pour criminelle, aux yeux de toute la République, une ville infiniment malheureuse sans doute, mais qui n'est coupable sous aucun rapport.

législateurs, que le patriotisme le plus utile, le plus vrai, le plus chaud, est, quoiqu'on en puisse dire, celui qui se manifeste au trésor public.

Je crois avoir justifié mes concitoyens des reproches de trahison et de lâcheté ; je crois vous avoir indiqué les vrais, les seuls coupables : en faisant justice des uns, législateurs, vous rendrez aux autres l'honneur et l'estime qu'ils n'ont pas mérité de perdre, et la république entière se réjouira de les retrouver dignes d'elle.

Daignez ne pas perdre de vue, je vous en conjure, pères de la patrie, que la malheureuse ville de Verdun, privée des secours du dehors qu'elle a vainement réclamés à plusieurs reprises, dénuée au dedans des moyens efficaces de défense, n'a cédé qu'à une armée formidable de 60 mille hommes; qu'elle a éprouvé des pertes énormes par la dévastation de son territoire et de ses propriétés; qu'elle est dans les angoises et la détresse depuis près de trois mois; que dans le moment présent, une maladie épidémique cause dans son enceinte les plus grands ravages; que les membres des corps administratifs, tous pères de famille, sont en état d'arrestation depuis un mois, et plongés dans la plus profonde douleur. Ah ! tant de maux réunis sont sans doute bien faits pour expier la foiblesse réelle ou prétendue que l'on reproche à ces citoyens infortunés, et pour les excuser aux yeux d'une nation généreuse et sensible ! En conséquence, je vous supplie d'ordonner que le rapport de cette affaire vous soit fait dans le plus bref délai possible.

11 novembre 1792, l'an premier de la république.

Le citoyen YBERT.

A PARIS, de l'Imprimerie du CERCLE SOCIAL, rue du Théâtre-François, n°. 4.

www.ingramcontent.com/pod-product-compliance
Lightning Source LLC
LaVergne TN
LVHW021712230826
846092LV00002BA/968

9782019235505